ART

DU

Compositeur Dramatique, etc.

PAR

ANTOINE REICHA

Chevalier de la Légion d'Honneur,

et Professeur de Composition au Conservatoire de Musique.

Volume contenant Cent onze planches
pour l'intelligence du texte.

Prix : 48.fr

Paris, 1833.

chez A. FARRENC, Éditeur de Musique, [illegible]

et chez l'Auteur, Rue de la Chaussée d'Antin N.° 30.

CATALOGUE DES OUVRAGES DE MUSIQUE,

Composés par Mr. A. REICHA.

et déposés chez DAUPRAT Succr. de ZETTER et Cie.

rue Breda, N.º 42. faub. Montmartre.

OUVRAGES THÉORIQUES.

Traité de Mélodie, abstraction faite de ses rapports avec l'harmonie, suivi d'un supplément sur l'art d'accompagner la Mélodie par l'harmonie, lorsque la première est prédominante. Prix Fixe - - - 17f. *

Traité de Haute Composition Musicale, faisant suite au cours d'harmonie pratique et au traité de Mélodie du même auteur. Deux Volumes, Savoir :

PREMIER VOLUME.

1.re liv: Des Tons d'Église, du Style rigoureux, des doubles chœurs, de l'harmonie dans le style moderne qui exige 2 basses simultanées différentes; Nouvelle théorie sur la résolution des dissonnances; &

2.e liv. De tous les Contre-points, et de la manière de les employer.

3.e liv: Des Imitations et des Canons de toute espèce. - - - - - - - - - - - - - 40.

DEUXIÈME VOLUME.

4.e liv: De tous les genres de Fugues, tant anciennes que modernes.

5.e liv: Des différentes manières d'accompagner la Fugue Vocale par l'Orchestre; de la Fugue instrumentale; de la manière de mettre les paroles sous une Fugue; de la Fugue phrasée, &

6.e liv: Des Idées musicales; de la facilité de créer; de l'exposition des idées, de leur développement; des coupes ou cadres des morceaux, les plus avantageux à ce développement; de l'introduction, du prélude, et enfin de divers objets qui n'avaient pas encore été découverts ou introduits dans l'art musical. 40.

FONDS ÉTRANGERS.

Traité d'harmonie pratique. - - - - - - - - - - - - - - - - 48

Petit Traité de l'harmonie à deux parties, suivi d'exemples en contre-point double et de douze Duos pour Violon et Violoncelle, pouvant se jouer aussi sur le Piano. Op. 84. - - - -

Ces Ouvrages se trouvent aussi au Dépôt dont l'adresse est ci-dessus.

MUSIQUE POUR INSTRUMENS À VENT.

Op. 100. Six Quintettis pour Flûte, Hautbois, Clarinette, Cor et Basson.

N.º 1. en FA Majeur. - - - - - - - - - -	7.50c
N.º 2. en RÉ Mineur. - - - - - - - - - -	7.50
N.º 3. en MI♭ Majeur. - - - - - - - - - -	7.50
N.º 4. en MI♮ Mineur. - - - - - - - - - -	7.50
N.º 5. en LA Mineur. - - - - - - - - - -	7.50
N.º 6. en SI♭ Majeur. - - - - - - - - - -	7.50

Op. 107. Quintette pour Hautbois principal, deux Violons, Alto et Violoncelle. - - - - - - 9.

La partie de Hautbois arrangée, par l'Auteur, pour la Clarinette en si♭ - - - - 3.75

Op. 106. Grand Quintetto pour Cor p.r 2 Violons, Alto, Violoncelle et Contre Basse ad libitum - - 9.

MUSIQUE POUR PIANO.

Op. 101. Six Grands Trios concertans pour Piano, Violon et Violoncelle.

N.º 1. en MI♭ Majeur. - - - - - - - - - -	9
N.º 2. en SOL Mineur. - - - - - - - - - -	9
N.º 3. en LA Majeur. - - - - - - - - - -	9
N.º 4. en FA id. - - - - - - - - - -	9
N.º 5. en RÉ id. - - - - - - - - - -	9
N.º 6. en LA id. - - - - - - - - - -	9

Études de Piano, ou 57 Variations sur un Thème, suivi d'un Rondeau. - - - - - 9

Duo concertant pour Piano et Flûte - - - - - - - - - - - -

* On attend la nouvelle Édition que l'Auteur se propose de donner, dans un Format plus commode.

Quatuor pour Piano, Flûte, Violoncelle et Basson . _ _ _ _ _ _ _ _ _ _ _ _ _ _ 12.f
Ouverture de l'Opéra de NATALIE pour Piano, à quatre mains . _ _ _ _ _ _ _ _ _ _ 5 .
Idem. de l'Opéra de SAPHO pour Piano, avec Violon obligé . _ _ _ _ _ _ _ _ _ _ 5 .

MUSIQUE VOCALE.

Airs de l'Opéra de NATALIE, avec accompagnement de Piano, ou de Harpe, par l'Auteur.
Des jours de ma vieillesse. &c Air. chanté par LAYS . _ _ _ _ _ _ _ _ _ _ _ 1 .50.c
Non ce n'est pas en vain. &c Air, chanté par M.lle GRASSARI . _ _ _ _ _ _ _ _ _ 3 .
O toi qui vois l'excès. &c Air. chanté par M.me BRANCHU . _ _ _ _ _ _ _ _ _ 3 .
Airs, Duos, Choeurs, &c de l'Opéra de SAPHO, avec accomp.t de Piano, ou de Harpe. (idem)
N.° 1. *Quelle est mon erreur.* &c Scène et Cavatine, chantée par M.r AD. NOURRIT. _ _ _ _ 4 .50.
N.° 2. *C'est trop longtemps.* &c Air, chanté par M.lle SAINVILLE . _ _ _ _ _ _ _ _ 2 .50
N.° 3. *Ah! si j'étais trahi.* &c Duo, chanté par M.lle SAINVILLE et M.r AD. NOURRIT. _ _ _ _ 4 .50.
N.° 4. *Dieu d'Amour.* &c Trio, chanté par M.lle SAINVILLE et MM.rs AD. NOURRIT et BONEL. _ _ 1 .50
N.° 5. *Pour un ingrat.* &c Romance, chantée par M.me DABADIE . _ _ _ _ _ _ _ _ _ 1 .50.
N.° 6. *Ah! reviens cher Amant.* &c Air, chanté par M.me DABADIE . _ _ _ _ _ _ _ _ 3 .
N.° 7. *Qu'un lien de fleurs.* &c Sicilienne, chantée par M.lle JAWUREK . _ _ _ _ _ _ _ 1 .50.
N.° 8. *O puissante Junon.* &c Marche religieuse, invocation et Choeur . _ _ _ _ _ _ _ 1 .50.
N.° 9. *Ah! du seul bonheur.* &c Air, chanté par M.me DABADIE . _ _ _ _ _ _ _ _ _ 1 .50.
N.° 10. *Heureuse près de toi.* &c Duo, chanté par M.me DABADIE et M.r AD. NOURRIT . _ _ _ 5 .
N.° 11. *Zéphir seul agite.* &c Barcarole, pour trois voix d'hommes ou de femmes . _ _ _ 1 .50.
N.° 12. *A nos concerts.* &c Choeur céleste . _ _ _ _ _ _ _ _ _ _ _ _ _ 1 .50.
Choeur sur le chant populaire; Do-do, l'enfant do , &c _ _ _ _ _ _ _ _ _ _ 3 .75.

FONDS ÉTRANGERS. ※

MUSIQUE DE PIANO.

Sans N.° d'Oeuvre, 12 Fugues dans un genre nouveau, précédées d'instructions _ _ _ _ _ 9 .
Op. 81. Six Fugues . _ 6 .
Op. 83. Variations, sur un Thème composé . _ _ _ _ _ _ _ _ _ _ _ _ _ _ 5 .
Op. 85. Idem. sur l'Air *Charmante Gabrielle* . _ _ _ _ _ _ _ _ _ _ _ _ _ 3 .75.
Op. 87. Idem. sur un Thème de GLUCK . _ _ _ _ _ _ _ _ _ _ _ _ _ _ 5 .
Op. 97. Études dans le genre Fugué. en 2 livres . _ chaque _ _ _ _ _ _ _ _ _ 18.

MUSIQUE POUR LA FLÛTE.

Op. 12. Quatuors pour quatre Flûtes . _ _ _ _ _ _ _ _ _ _ _ _ _ _ _ _ _ 6
Op. 98. Six Quatuors pour Flûte, Violon, Alto et Violoncelle, en 2 livres. chaque _ _ _ _ _ _ _ 6 .
Op. 105. Grand Quintetto pour Flûte principale, 2 Violons, Alto et Violoncelle . _ _ _ _ _ _ 9

MUSIQUE POUR LA CLARINETTE.

Op. 89. Quintetto pour Clarinette en Si♭, 2 Violons, Alto et Violoncelle. _ _ _ _ _ _ _ 6 .

MUSIQUE POUR INSTRUMENS À VENT.

Op. 88. Six Grands Quintettis pour Flûte, Hautbois, Clarinette, Cor et Basson, chaque _ _ _ _ _ 7 .50.
Op. 91. Idem. id. id. id. _ _ _ _ _ 7 .50.
Op. 99. Idem. id. id. id. _ _ _ _ _ 7 .50.

MUSIQUE POUR INSTRUMENS À CORDES.

Op. 90. Six Quatuors pour 2 Violons, Alto et Violoncelle, _ _ _ _ _ _ _ _ _ _ _ _ 12.
Op. 94. Trois Quatuors pour id. id. id. Dédiés à BAILLOT . _ _ _ _ _ _ _ 12.
Op. 95. Idem. id. id. id. Dédiés à RODE . _ _ _ _ _ _ _ _ 12.
Op. 92. Trois Grands Quintettis pour 2 Violons, 2 Altos et Violoncelle, chaque _ _ _ _ _ _ _ 9 .

※ N.B. Tout ce que M.r REICHA a publié à PARIS, se trouve pareillement à l'adresse de son dépositaire.

ART DU COMPOSITEUR DRAMATIQUE

Par A. REICHA.

Volume de Planches.

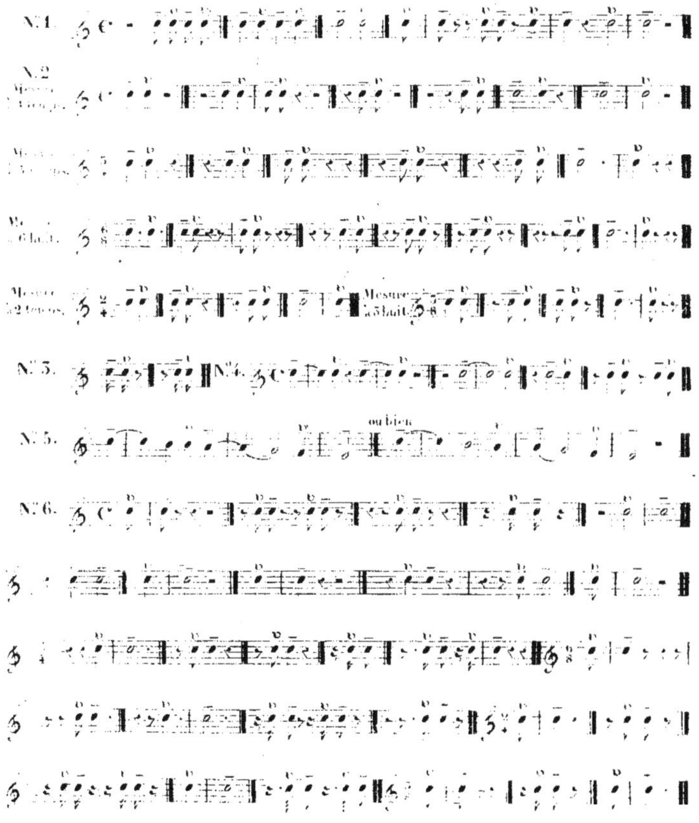

N°1.

N°2 Mesure à 4 temps.

Mesure à 3 temps.

Mesure à 6 huit.

Mesure à 2 temps. Mesure à 3 huit.

N°3. N°4.

N°5. ou bien

N°6.

N° 7.

N° 8.

Partez a_dieu

ce qui équivaut à

partez a_dieu.

N° 9.

ou

ou bien encore

N° 10.

N° 11.

N° 12.

3

etc.

N° 13.

Pa_tez, Pa_tez,

Voix.

N° 14.

1 2 3 4 5 6 7 8 9 10 11 12

etc.

N°. 15.

1. 2. 3. 4.

5. 6. 7. 8. etc.

N°. 16.

1. 2. 3. 4.

5. 6. 7. 8. etc.

N°. 17.

1. 2. 3. 4. etc.

N°. 18.
N°. 19.
N°. 20.
N°. 21.
Les faux talents sont hardis, effrontés, souples, adroits et jamais re_bu_tés.
N°. 22.
Que peuvent contre lui (contre Dieu) tous les Rois de la ter_re?
etc.

N°23.

N°24.

⁜ Les 3 lettres H. C. F., placés sur la 1re note d'une mesure dans le courant de ce N° 28, signifient Hémistiche. Césure. fin du vers.

Vers de 10 pieds.
sein cacha l'être su-
Dès du jour la belle avant-couriè-re de l'ori-
ent entr'ouvrait la barrière. etc.
Vers de 5 pieds.
A-près le malheur effroy-able qui vient d'arri-ver à mes
yeux je croi-rai désormais, grand Dieu! qu'il n'est rien d'incroy-a-ble.
N°29.
Je t'ai-me. je t'ai-me. je t'ai-me.
N°30.
etc.
N°31.
Tremolo.
ou bien, Tremolo.
N°32.

N°.33.
N°.34.
ou bien.
N°.35.
etc.
N°.36.
N°.37.
7e. avec tierce mineure et quinte parfaite.
7e. avec quinte diminuée.
7e. majeure.
9e. majeure.
9e. mineure.
N°.38.
N°.39.
N°.40.
accord de sixte augmentée avec quinte parfaite.
accord de quarte et sixte augmentées.
N°.41.
N°.42.
N°.43.
1er Soprano.
2e. Soprano.
Tenore.
Basso.

N° 11

PARTIE VOCALE

1ers VIOLONS.

2ds VIOLONS.

ALTOS.

VIOLONCELLES
et
Ctes BASSES.

N° 45.

1re FLÛTE.

2me FLÛTE.

à 2

2 HAUTBOIS.

2 CLARINETTES.

1r et 2e CORS.

3e et 4e CORS.

à 2.

2 BASSONS.

2 TROMPETTES.

TROMBONNE. alto.

TROMB. ténore. TROMB. basse.

tr

TYMBALES.

PARTIE VOCALE.

1r VIOLON.

2e VIOLON.

ALTOS.

VIOLONCELLES.

C. BASSE.

N°. 47
Tenore.
Basse taille.
N°. 48.
Soprano.
Contre alto.
Tenore.
Basse taille.
N°. 49.
N°. 50.
N°. 51.
N°. 52.
N°. 53.
N°. 54.
FRAGMENT d'un AIR de BALLET
auquel on a ajouté un CHOEUR.
N°. 55.
Andantino grazioso.
CHOEUR.
PIANO.
p
Andantino grazioso.

N° 56.
N° 57.

TABLEAU

CONTENANT DES FORMULES DE MODULATIONS.

N° 58. *De Ré majeur en Mi♭ majeur.*

En montant d'un ½ ton, les deux tons étant majeurs.

1. 2. 3. 4. 5. 6.

etc.

De Mi♭ majeur en Ré majeur.

En descendant d'un ½ ton, les deux tons étant majeurs.

1. 2.

(Enharmonique) [illegible]

* En modulant des tons bémolisés dans les to[illegible] les bémols en dièzes, en écrivant des accords [illegible] contraire a parfois également lieu.

3.
4.
5.
6.
De Ré majeur en Fa♮ majeur.
Pour monter d'une tierce mineure, les deux tons étant majeurs.
1.
2.
3.
ou.
4.
5.
6.
fz
De Fa♮ majeur en Ré majeur.
Pour descendre d'une tierce mineure, les deux tons étant majeurs.
1.
2.

De Ré majeur en Fa♯ majeur.
La montant d'une tierce majeure, les deux tons étant majeurs.
ou.
ou.

De Fa ♯ majeur en Ré majeur.

En descendant d'une tierce majeure, les deux tons étant majeurs.

De Ré majeur en La ♭ majeur.

En allant à la quarte augmentée ou à la quinte diminuée en montant, les deux tons étant majeurs, *car la même formule peut servir dans les deux cas. *

Pour retourner de La ♭ majeur en Ré majeur (en allant à la quinte diminuée en descendant) on prend l'une de ces six formules en changeant enharmoniquemet les bémols en dièzes, par exemple.

* En modulant de Ré en La ♭, ou de Ré en Sol ♯, on arrive dans deux tons différents; mais La ♭ et Sol ♯ se rendent par les mêmes touches sur le Piano ou sur l'Orgue; c'est par cette raison que la même formule peut servir dans les deux cas, en changeant les bémols en dièzes, ou *vice versa*

NOUVEAU TABLEAU

des formules de cadences parfaites.

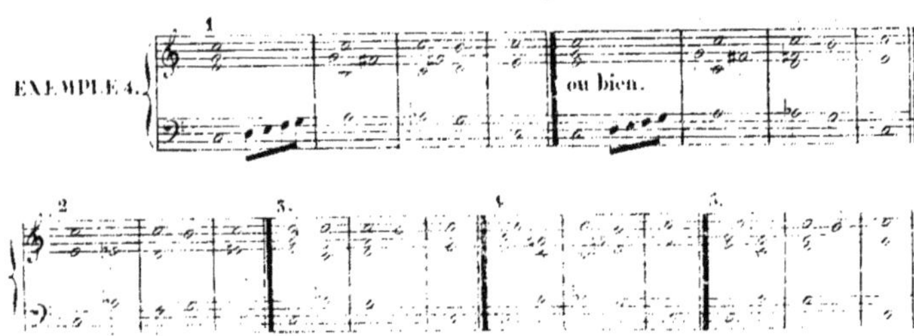

6.
7.
8.
9.
10.
11.
12.
13.
14.
15.
16.
17.
18.
19.
20.

21.
22
23.
24.
25.
26.
27.
28.
29.
30.

32
33.
34.
35.
36.
37.
38.
39.
40.

SICILIENNE

De l'Opéra SAPHO.

N.° 60.

d'un destin si pros-pè-re ve-nait inter-rompre le cours; mal-
gré le sort fu-nes-te que vo-tre amour vous res-te, vous
aurez encor de beaux jours vous au-rez encor de beaux jours vous aurez encor de beaux jours.
2e Couplet.
Douce et flat.
2e Couplet.
Douce et flat-teu-se enchan-te-res-se, l'es-pé-ran-ce ou-vre
l'a-ve-nir; bril-lants de grace et de jeu-nes-se, sui-vez la rou-te
du plai-sir.
reprenez du signe

CHANT DE PHAON,

Dans l'Opéra SAPHO.

N.° 61.

mê - - - me!
je vous vis ce moment dis_si_pa mon erreur: un sentiment nouveau vint agiter mon cœur je m'accu_sais en vain de perfi_di - - - - e; pour vo-
ler sur vos pas je chan_geai de pa_tri - - - - - e, j'oubliai mes ser-
mens, j'a_bandonnai Les_bos, j'abandon_nai Les_ - bos.
tr
3
f

AIR DE NATALIE

Dans l'Opéra NATALIE.

N.° 62.

sort as_sez longtems j'éprou_vai la ri_gueur,
Fais
trè_ _ _ve à sa hai_ _ _ _ _ _ne impla_ca_ble, Et pour un
fils tremblant, que le remords ac_ca_ _ble, de mon
pè_ _ _re attendris le coeur, de mon

pè_ _ re atten_dris le cœur.
Ô toi, qui vois l'ex_cès de mes vi_ _ _ _ves a_
lar_ _ _ mes! Dieu des infor_tu_nés! prends pi_tié de mes lar_ _mes,
prends pi_tié, pi_tié de mes lar_ _ _ _ _ _ mes.
Allegro assai.
Mais quel som_bre ave_ _nir devant moi se pré_sen_te? mais quel
Attacca subito per Allo.
Allegro assai.

som_bre a_ve_nir devant moi se pré_sen_te?
ad libitum.
Au sein de ma pa_tri_e un vieillard se la_men_
a Tempo.
te.... c'est toi, malheureux pè_re! oui, oui je l'en_tends gé_
mir, Tu m'ap_pel_les sans espéran_ce; tu me re_
pro_ches ta souffrance et me mau_dis peut-être à ton dernier sou_
Cres_ _ cen_ _ do

pir et me maudis peut - être à ton der - nier — sou - pir,
à ton dernier sou - pir!.....
C'est toi malheureux
pè - re! malheureux pè - re! oui, oui, — je t'entends gémir; tu m'ap -
pelles sans espé - ran - ce; Tu me re - pro - ches ta souf - fran - ce, et me mau -
dis peut - être — à ton dernier sou - - pir, à ton der - -

nier sou - pir, à ton der - nier sou - pir, et me mau - dis peut - être à ton der -
fp
fp
nier sou - pir, et me mau - dis ___ peut - être à ton der - nier sou - pir, à
fp
ton der - - nier sou - - pir, à ton der - - nier sou - pir, à ton der -
nier sou - pir.
ff

SCENE D'ALEXIS

dans l'opera NATALIE.

AIR.
Lento
Non ce n'est pas en vain que le mal_heur ré_cla_me
Grand Dieu Grand Dieu ta for_ce est avec moi ta for_ce ta force est a_vec moi
fp
fp
p
Cresc:
f
Par cet in_for_tu_né quand la pi_tié m'en flam_me c'est ta voix qui comman_de et j'acom_plis ta loi et ja_com_plis ta loi.
p
p
Allegro.
Té_moin du dan_
p
f
p
Calando.

gerqui te pres _ _ _ se ta main qui la for_mé guidera ma jeu_nes_se
ta main qui la for_mé guidera ma jeu_nes _ se.
Tu sou_tien_dras mon cœur d'espérance a_ni_
mé Tu se_con_de_ras tu_se_con_de_
ras ma fai_bles _ _ se Tu

soutien_dras mon coeur d'es_pé_rance a_ni_mé tu se_con_de_
ras tu se_con_de_ras ma fai_bles_ _ _
se par ton é_gi_de preser_vé j'af_fronte_
rai les flots et les vents j'affronterai les flots j'affronterai les flots et les vents et l'o_
ra_ _ _ ge et ton noble ou_vra_ge se_

ra sau_vé Par ton é_gi_de préser_
vé j'af_fron_te_rai les flots et les vents j'affronte_rai les flots j'affronterai les
flots et les vents et l'o_ra_ge et
ton noble ou_vra_ge se_ra sau_vé ton noble ou_vrage se_ra sau_

vé ton noble ou _ vra _ ge sera sau _ vé, se _ ra sau _ vé,
ton nobleou _ vra _ ge se _ ra se _ ra sau _
Crescendo
vé, se _ ra sau _ vé, se _ ra sau _
vé.

SCÈNE DE PHAON,

Dans l'Opéra SAPHO.

froi de mon cœur. Ô malheureux Pha_on!
quel des_tin plein d'horreur! Un
Dieu redoutable au parjure du sommeil à mes yeux refuse la douceur. pour char-
mer mes ennuis j'in_ter_ro_ge ma Ly_re, je veux chanter: ma
voix sur mes lèvres ex_pi_re. En m'exilant sous un Ciel étranger, vainement de mes
pp
p
Andante.
mf
Tempo 1º.

AIR.
Allegro vivace.
maux je crus me déga_ger.
Quelle était mon erreur ex_trê_me quelle était mon erreur ex_trê_me! en Si.
ci_le comme à Les bos, il n'est plus pour moi de re_pos, hé_las! hé_
las! peut_on se fuir soi mê_ _ _ _ _ me peut_on se fuir soi

mê _ _ _ _ me! Avec moi le re_
mords a _ bor _ dant ces cli _ mats a tra_ver _ sé des mers l'i _ nu _ ti _ _ le dis_
Cres:
tan _ _ ce, en secret il me presse, ir _ _ ri _ _ te ma souffran _ _ ce, me
suit comme mon om _ bre et s'at_ta _ _ che à mes pas me suit comme moi
om _ bre et s'at_ta _ _ che à mes pas. Quelle é_

tait mon erreur ex - trê - - me, quelle était mon erreur ex - trê - me, en Si - ci - le comme à Les -
bos, il n'est plus pour moi de re - pos: hé - las! hé - las! peut
on se fuir soi mê - - - - - - me, peut on se fuir soi mê - - - - - -
me avec moi: le re - mords a - bordant ces climats a traver - sé des

mers l'i_nu_ti_ _le dis_tan_ _ _ _ _ _ _ ce en se_
cret il me presse, ir_ri_te ma souf_france me suit comme mon
ombre et s'at_tache a mes pas, avec moi le re_mords abordant ces cli_mats a
Cres:
traversé des mers l'i_nu_ti_le dis_tan_ _ _ ce. en se_

cret il me presse, ir_ri_te ma souffrance, me suit comme mon
om_bre et s'at ta_che à mes pas, me suit comme mon om_bre et s'at_
ta_che à mes pas et s'at_tache à mes pas.
f
f

DUO

de l'opera SAPHO.

cor: tu respirais à peine, et ta bouche semblait re_te_nir ton ha_
lei_ne. a_lors à tes transports ne pouvant résis_ter ces accens qu'en ma
voix venaient de faire en_tendre, ta voix ai_mait à les re_pren_dre;
Andante con moto.
Je disais, et bien_tôt tu savais ré_pé_ter Heu_
reu_se près de toi qui pour toi seul sou_pi_re, qui surprend sur ta

boucheet qui lit danstes yeuxet l'aveu le plus ten - - dreet le plus doux sou-
rireet le plus doux sou - ri - re! elle est égale aux Dieux! elle est é-
PHAON.
gale elleest égale aux Dieux! Heu - reux quiprès de toi pourtoi seu - le sou-
pi - re, qui surprend sur ta boucheet qui lit dans tes yeuxet l'aveu le plus
ten - dreet le plusdouxsou - rireet le plus doux sou - ri - re!

il est égal aux Dieu! il est é_gal il est é_gal aux Dieux!
fp fp fp fp
SAPHO.
Je sens de veine en veine une subtile flâmme courir partout mon corps sitôt que je te
vois, dans les transports brû_lans où s'é_ga re mon â _ me, je deu_meu re sans
voix, je de meu _ re sans voix. Heu _ reu _ se près de
PHAON.
Heu_reux qui près de

toi qui pour toi seul soupi - re, qui surprend sur ta bouche et qui lit dans tes
toi, pour toi seule sou-pi - re, et qui lit dans tes
tr tr tr tr
yeux et l'aveu le plus ten - dre et le plus doux sou - rire et le plus doux sou -
yeux et l'aveu le plus ten - dre et le plus doux sou - rire et le plus doux sou -
fp
ri - re! elle est é-gale aux Dieux! elle est é-gale elle est égale aux
ri - re! est égal aux Dieux! il est égal aux
tr

SAPHO.
Dieux. Un nua _ ge confus se répand sur ma vue je n'entends plus je
Dieux.
tombe en de mol _ les lan gueurs, et pâ _ le sans ha _ leine in _ terdite éper _ du _ e, je
trem _ ble je me meurs. je trem _ ble je me
meurs. Heu _ reuse près de toi qui pour toi seul sou _ pi _ re
Heu _ reux qui près de toi pour toi seule sou _ pi _ re
fp

et qui fit dans tes yeux et l'aveu le plus
qui surprend sur ta bouche et qui fit dans tes yeux et l'aveu le plus
tr
ten - - dre et le plus dou sou - rire et le plus doux sou - ri - re!
ten - - dre et le plus dou sou - rire et le plus doux sou - ri - re!
fp
fp
All.º con fuoco.
elle est égale aux Dieux! elle est égale aux Dieux! où
il est égal aux Dieux! il est égal il est égal aux Dieux! où

sui_je? ou sui_je? a _ mour m'ins _ pi _ re m'ins _ pi _ re
sui_je? ou sui_je? a _ mour m'ins _ pi _ re m'ins _ pi _ re
fp
sa dé_vo _ rante ar _ deur. à pei_ne je res_pi _ re: à
sa dé_vo _ rante ar _ deur. à pei_ne je res_pi _ re: à
Cresc
pei _ ne je res_pi _ re: hors de mon sein va s'é_lan _ cer mon
pei _ ne je res_pi _ re: hors de mon sein va s'é_lan _ cer mon

coeur. Heu_reu_se près de toi qui pour toi seul sou_pi_re
coeur. Heu_reux qui près de
fp
Heu_reu_se près de toi qui pour toi seul sou_
toi poir toi seu_le sou_pi_re,
fp
pi_re qui lit son des_tin dans tes yeux! un sou_
qui lit son des_tin dans tes yeux! un sou_

ri _ re l'é _ lève aux cieux! dans son brûlant dé _ li _ re dans
ri _ re l'é _ lève aux cieux! dans son brûlant dé _ li _ re dans
Cres
f
p
son brûlant dé _ li _ re elle est é _ gale elle est é _
son brûlant dé _ li _ re il est é _ gal il est é _
Cresc.
gale elle est é _ gale aux Dieux, qui lit son des _
gal il est é _ gal aux Dieux, qui lit son des _
f
f
p
f

tin dans tes yeux un sou_ri _ re l'é_lève aux cieux, l'é_
tin dans tes yeux un sou_ri _ re l'é_lève aux cieux, l'é_
lève aux cieux! dans son brûlant dé_li _ re dans
lève aux cieux! dans son brûlant dé_li _ re dans
f
p
p
son brûlant dé_li _ re elle est é_ _ gale elle est é_ _
son brûlant dé_li _ re il est é_ _ gal il est é_ _
Cresc.

gale elleest é_gale aux Dieux, elle est é_
gal il est é_gal aux Dieux, il est é_
gale elle est é_gal aux Dieux, elle est é_gale elle est é_
gal il est é_gal aux Dieux, il est é_gal il est é_
gale aux Dieux,elle est é_gale aux Dieux,elle est é_gale au
gal aux Dieux,il est é_gal aux Dieux,il est é_gal au
Dieux.
Dieux.

AIR DE PYRRUS avec CHŒUR,

Dans l'Opéra de PHYLOCTETE.

N.° 66.

CLARINETTE en LA.
PYRRHUS.
pp
CHŒUR
Sur cet in_for_tu_né, puissant Dieu du som_meil, tu
pp Sur cet in_for_tu_né, puissant Dieu du som_meil, tu
PYRRHUS.
al piacere.
ah!
verses tes pa_vots! ah! soit lui fa_vo_ra_ _ _ _ ble;
verses tes pa_vots! ah! soit lui fa_vo_ra_ _ _ _ ble;
sur cet in_for_tu_né, puis_sant Dieu, du som_
cal_me! cal_me! cal_me la dou_leur qui l'ac_ca_ _ _
cal_me! cal_me! cal_me la dou_leur qui l'ac_ca_ _ _

meil tu ver _ _ ses tes ___ pa _ vots ah soit lui fa _ vo _ _
ble par tes bien _ faits si_gna_le si _ gna _ le
ble par tes bien' _ faits si_gna_le si _ gna _ le
ra _ _ _ ble ah sois ___ lui fa _ vo _ ra _ _ _ _ ble.
son ré _ _ veil si_gna_le si _ _ gnal _ le son _ _ ré _ _ veil.
son ré _ _ veil si_gna_le si _ _ gnal _ le son _ _ ré _ _ veil.
fz

AIR DE PYRRUS avec CHŒUR,

Dans l'Opéra de PHILOCTÈTE.

N.° 67.

vous reverrez bientôt les ri_ves de la Gre_ce. vous reverrez bien_
tôt les ri_ves de la Gre_ce. Il_lustre in_for_tu_
PYRRHUS.
né, dont le sort m'in_ter_res_se, ve
mf
il faut quitter ces lieux, ces horri_bles dé_serts, conduire ce hé_
CHOEUR.
mf
il faut quitter ces lieux, ces horri_bles dé_serts, conduire ce hé_

nez, ve_nez sur nos vais _ seaux, vous re_vec_rez bien_
ros sur un plus doux ri_va_ge: Nep tune nous pro_tége et tous nous encou_
ros sur un plus doux ri_va_ge: Nep_tune nous pro_tége et tous nous encou_
tôt les rives de la Gre_ _ _ _ _ _ _ ce, vous rever_rez bien_
ra_ge nous pourrons sans danger, franchir les vastes mers, nous pourrons sans dan_
ra_ge nous pourrons sans danger, franchir les vastes mers, nous pourrons sans dan_
fz
tôt les ri_ves de la Gre_ _ _ _ _ _ ce.
ger, fran_chir les vas_ _ _ tes mers.
ger, fran_chir les vas_ _ _ tes mers.
fz

BARCAROLLE

De l'Opéra SAPHO.

Ce Chœur de Matelots n'avait point d'accompagnement, et c'etait, alors, une nouveauté. On contraignit l'auteur à joindre l'Orchestre au chant. On sait combien il est devenu commun, depuis, de faire des morceaux à plus ou moins de voix, sans accompagnement.

CHOEUR des SUIVANTES de SAPHO.

Allegro assai.

N.º 69.

(à l'unisson.)
ci - pi_tons nos pas, pré - ci_pi - tons nos pas, mar_
(à Deux voix.)
chons, marchons, marchons, marchons, préci - pi tons nos pas, pré_
(à trois voix.)
ci - pi_tons nos pas, pré_ci - pi_tons nos pas.

CHOEUR des GRECS
dans l'opera PHILOCTÈTE.

N.º 70.

p
mânes de tant de hé_ros vous al_lez voir les Grecs embrâ _ sant cet_te
mâ_nes de tant de hé _ ros vous al_lez voir les Grecs embrâ _ sant cet_te
mâ_nes de tant de hé _ ros vous al_lez voir les Grecs embrâ _ sant cet_te
vil _ le du sang Troy _ en ar_ro _ ser vos tom _ beaux. En_
vil _ le du sang Troy _ en ar_ro _ ser vos tom _ beaux. En_
vil le du sang Troy _ en ar_ro _ ser vos tom _ beaux. En_
f
fin les Grecs tri _ om_phe _ ront, en _ fin les Grecs tri _ om_phe
fin les Grecs tri _ om_phe _ ront, en _ fin les Grecs tri _ om_phe
fin les Grecs tri _ om_phe _ ront, en _ fin les Grecs tri om_phe

ront, de Per_ga _ me bientôt les murs s'écrou_le_ront, ma _ nes d'A_jax,
ront, de Per_ga _ me bientôt les murs s'écrou_le_ront. ma _ nes d'A_jax,
ront, de Per_ga _ me bientôt les murs s'écrou_le_ront. ma _ nes d'A_jax,
p
f
fz
ma_nes d'A_chil_le, ma_nes de tant de hé_ros, vous allez voir les Grecs embra_
ma_nes d'A_chil_le, ma_nes de tant de hé_ros, vous allez voir les Grecs, embra_
ma_nes d'A_chil_le, ma_nes de tant de hé_ros, vous allez voir les Grecs embra_
p
sant cette ville, du sang Troy_en ar_ro_ ser vos tombeaux, du sang Troyen ar_ro
sant cette ville, du sang Troy_en ar_ro_ ser vos tombeaux, du sang Troyen ar_ro
sant cette ville, du sang Troy_en ar_ro_ ser vos tombeaux, du sang Troyen ar_ro
f

ser vos tom _ beaux du sang Troyen ar_ro _ ser
ser vos tom _ beaux du sang Troyen ar_ro _ ser
ser vos tom _ beaux du sang Troyen ar_ro _ ser
fz
fz
vos tom _ beaux, ar_ro _ ser vos tom_beaux.
vos tom _ beaux, ar_ro _ ser vos tom_beaux.
vos tom _ beaux, ar_ro _ ser vos tom_beaux.

MARCHE RELIGIEUSE,

Dans l'Opéra SAPHO.

N°. 71.

INVOCATION À JUNON,

Dans l'Opéra SAPHO.

N°. 72.

* Les notes de cette portée se chantent octave plus bas.

※ Les notes de cette portée se chantent octave plus bas.

mants vont s'u_nir deux a_mants vont s'u_nir au pied de ton au_
mants vont s'u_nir deux a_mants vont s'u_nir au pied de ton au_
deux a_mants vont s'u_nir au pied de ton au_
tel; ils ju_rent de s'ai_mer d'un a_mour é_ter_nel.
tel; ils ju_rent de s'ai_mer d'un a_mour é_ter_nel.
tel; ils ju_rent de s'ai_mer d'un a_mour é_ter_nel.
Laisse tomber sur eux un re_gard fa_vo_ra_ _ _ ble.
Laisse tomber sur eux un re_ _gard fa_vo_ra_ _ _ ble.
Laisse tomber sur eux un re_ _gard fa_vo_ra_ _ _ _ ble.

ACTE II de NATALIE

1re SCÈNE.

N.o 74.

Mesuré.
rance! du Dieu qui me poursuit l'impitoyable bras re_double autour de
Avec la voix.
moi les hor_reurs du tré_pas!
fp
1.er Mouvement.
RÉCITATIF.
Quel mortel ose_rait tenter ma dé_li_vran_ce!
f
Hor_rible et fu_nes_te mo_
ment!
fz

Que j'ai bien méri_té cet af_freux châ_ti_ment.
Des traîtres, des in_grats arborant la ba_
nière, j'ai bra_vé les plus saintes lois!
De l'a_mour et du
Mesuré.
sang j'ai mécon_nu la voix; j'ex_pire aban_do_né de la na_
Suivez la voix.
ture en_tiè_re!
Crescendo

Que font ils en ce jour ces flatteurs complai _ sans? ces
vils conseil _ lers de mon crime?
comme ils
m'ont par dé _ grés des_cen _ du dans l'a _ bî _ me
où je lan_
gui de_puis quinze ans
Crescendo
Dieux d'é_qui _ té
si ma souf_france a flé _ chi tes longues ri_

gueurs, entends mes derniers voeux, re_çois mes derniers pleurs.
Tu sais, de mes for_faits qui sont les vrais au_teurs, je les dé_
voue à ta ven_geance, reproduis tous mes meaux dans leurs perfides
Allegro.
coeurs!
que le spec_tre d'un pè_re et

l'om_bre d'u_ne aman_te et d'un fils l'ima_ge acca_blan_te
fz
fz
pour les é_pou_van_ter
f
sor_tent du sein des morts sortent du
p
fp
sein des morts qu'ils fa_ti_guent sur
f
tr

eux les poi_gnards du re_mords
fp
f
qu'ils fa_ti_ _guent sur eux les poignards du re_ _
fp
mords les poignards du remords les poignards du re_
fz
mords qu'ils s'achar_nent à les pour_ _ _

sui - - - - - vre! qu'ils s'a_
har_nent à les pour_sui - - - - vre!
et que trem_blans sur l'a_ve_
nir leur dé_ses_poir soit de mou_
rir et leur sup_pli - - ce soit de

vivre et leur sup_pli_ce soit de vi_ _ _ _ vre! que le
Crescendo.
f
spec_tre d'un père l'om_bre d'une a_man_te et d'un fils l'image acca_
fp
fz
blan_te pour les é_pou_van_
fz
ter sor_tent du sein des morts
f
p

pour les é_pou_van_ter sor_tent du sein des
Cresc
morts qu'ils fa_ti_guent sur eux les poignords du re_
mords les poignards du remords qu'ils fa_ti_guent sur eux les poi_
gnards du remords qu'ils fati_guent sur eux les poignards du re_

mords les poi_gnards du re_mords qu'ils fa_ti _ guent sur
fz
fz
eux les poi_gnards du re_mords.
ff
Calendo poco
a poco.
pp

SECONDE SCÈNE

du SECOND ACTE de NATALIE.

Récitatif dialogué entre Varemzor, exilé, et son fils Alexis. Ils ne se connaissent pas. Ce dernier n'a que 15 ans.

VAREMZOR.
tant j'ai sur_mon_té l'ob_sta_cle. Par quel fa_vo_ra_ble ha_
sard ton as_pect enchan_teur frappe_t-il mon re_gard?
ALEXIS.
L'es_poir de t'ar_ra_
cher à ton sort dé_plo_ra_ble me fait a_bor_der tout ex_près. j'ai vu l'ins_
tant où l'onde impi_toy_a_ble al_lait m'engloutir à ja_mais.
Dieu qui veil_lait sur moi m'a dé_li_vré de pei_ne. si je

puis a_bréger la tienne, je béni_rai deux fois son ai_de et ses bien faits.
VAREMZOR.
Quel intérêt ton cœur prend-il à mes mi_sères? comment suis-je connu de
Poco All.tto ALEXIS. Mesuré.
toi? N'es tu pas ex_i_lé?, c'en est as_sez pour
p
moi, tous les in_for_tu_nés sont frè_res,
RECITATIF.
Mais dé_ja ton a_
fp
Poco Allegro.

VAREMZOR.
syle est as_sail_li des flots. partons! Le ciel voi_
lé d'une nuit plus obscu _ re, a_non _ ce des pe_rils nou_
veaux attends que l'hori_son s'épu _ re.
ALEXIS.
Au_cun de mes pa_rens de mon sort n'est ins_
truit; et ma mère en con_çoit des a_larmes. peut_ ê _ tre chaque instant qui

Mesuré.
fuit rem_plit son coeur d'ef _ froi, bai_gne ses yeux de lar_ _
Andante.
RÉCITATIF
mes ...... hâtons nous; c'est trop l'affli_ger.
Allegro.
VAREMZOR.
Ah; son inquié_
tude est sans dou_te cru_el_le;
fp
mais il vaut mieux la prolon_
ger que de la con_ver_tir en douleur é_ter_nel_ _le.
f
fp
En_tends ces af_freux sif_fle_

mens.
Que pourraitcette fois ta fra-gi-le na-cel-le con-tre ce chocdes é-lé-
mens?
ALEXIS.
Eh bien dif-fé-rons quelque
tems. mais du-moins à ma mère apprendscombienj'expi-e mon imprudenceetsestour-
VAREMZOR.
mens? Oui,ma voixlui di-ra tespieux senti-mens. Tu lachérisdonc bien? A-vec i-do-la-
ALEXIS.

Mesuré.
tri_e el_le n'ins_pi_re point d'au_tres at_ta_che_mens.
Lento.
ROMANCE.
Andante.
Tu vas la voir cet_te
pp
me_re char_man_te Tu vas la voir et l'ad_mi_
rer. elle at_ten_drit par sa beau_té tou_

chan _____ te; son bon coeur la fait a_do_rer, son bon
coeur la fait a_do_rer.
Cresc
Coup de tonnerre.
On passe les 3 dernieres mesures
apres le 3me Couplet.
2me COUPLET.
A sa raison tout mortel rend les armes.
Réclament-ils ses tendres soins?
L'infortuné sent arrêter ses larmes,
L'indigent n'a plus de besoins. (Bis)
3me COUPLET.
Dès le ber_ceau comme une om_bre fi_de_le, je sens mon
coeur sui_vre ses pas, tout mon bon_heur est de vi_vre pour el_
le, et de l'ai_mer jus_qu'au tré_pas, et de l'ai_mer jus_qu'au tré_
pas.

VAREMZOR. RÉCITATIF.
Aimable en - fant, si j'en crois ton lan - ga - ge, tu n'es pas
Après le 3me Couplet de la Romance.
f Coup de tonnerre.
né dans ce pays sau - va - ge?
ALEXIS.
C'et i - ci, non loin de ces
p
lieux, que mon œil s'et ou - vert à la clar - té des cieux.
mf
VAREMZOR.
Mesuré.
Ton pè - re?
je t'af - fli - ge?.... il n'est plus.... et ta
p
Lento.

ALEXIS. RÉCITATIF.
mère? .... Près de la Mos_co_wa Dieu lui donna le jour. pour adoucir les
maux de son auguste pè_re, elle a quit_té son époux et la cour, et souffre en ces cli_
mats un ex_il vo_lon_tai_re.
VAREMZOR. (à part.)
Qu'en_tens_je?... quels rap_ports! que d'an_
fz
f
Mesuré.
gois_ses! que de re_mords dans mon sein dé_chi_ré ce dis_cours re_nou
Allegro.
fz
f

RÉCITATIF.
ALEXIS.
vel - - le. et son nom, quel est - il? Na - ta - li - e!
Crescendo - -
VAREMZOR. (à part.)
Oui!.... c'est el - le!.... voi - là ses traits!
(Haut.)
Ton ay - eul?
ALEXIS.
On l'ap-
pel - le Vol - dik.
VAREMZOR.
Vol - dik!
Allegro.
etc:

Nº 76.
Moderato.
CHANT en FA.
1 2 3 4 5
6 7 8 9 10 11 12
tr
EXEMPLE 2.
EXEMPLE 3.
EXEMPLE 4.

PRIÈRE

en CHŒUR, avec accompagnement d'ORGUE, conçu en contre-point à la septième. *

N.º 77. Lento.

* Voyez ce que nous avons dit sur le contrepoint à la 7.e dans notre traité de haute composition, page 1??. le contrepoint commence, dans l'exemple ci dessus, à la 4.e mesure, et continue jusqu'à la fin de cette 1.re ritournelle: il a lieu entre les 2 parties extrêmes. Son renversement est employé dans la dernière ritournelle du morceau, et se trouve également entre les 2 parties extrêmes. Les parties intermediaires son accessoires, dans les 2 ritournelles.

Ce morceau, composé par l'auteur, a été destiné pour l'album de M^r. L. Chérubini.

DERNIER MORCEAU d'un FINAL D'OPÉRA.

il frémit il hé - si - te il fré - mit il fré -
il frémit il hé - si - te il fré - mit il fré -
mit il fré - mit il hé - si - te il fré - mit il fré -
mit il fré - mit il hé - si - te il fré - mit il fré -
(Haut Montrant le Croupier.)
mit il frémit il frémit il hé - si - te cet honnête homme est un fri -
mit il fré - mit il hé - si - te
mit il fré - mit il hé - si - te
fz
(Haut.)
mit il hé - si - te Ah mes - sieurs ar - rê -
mit il hé - si - te Ah mes - sieurs ar - rê -
mit il hé - si - te Ah mes - sieurs ar - rê -
mit il hé - si - te Ah mes - sieurs ar - rê -
pon cet honnête homme est un fri - pon c'est un fri - pon c'est
Haut
Monsieur vous m'en rendrez rai - son mon - sieur vous
(Haut à son fils.)
Peut-on pous - ser plus loin l'au - da -
f

tez de grà_ce ah mes_sieurs arrêtez de grà_

tez de grà_ce ah mes_sieurs arrêtez de grà_

tez de grà_ce ah mes_sieurs arrêtez de grà_

tez de grà_ce ah mes_sieurs arrêtez de grâ_

un fri_pon c'est un fri_pon c'est un fri_

m'en rendrez rai_son mon_sieur vous m'en rendrez rai_

peut on pous_ser plus loin l'au_da_ce

ce

ce (à part.) il se trou_ble il se trou_ble

ce (à part.) il se trou_ble il se

ce (à part.) il se trou_ble il se trou_ble

ce (à part.) il se trou_ble il se

pon! (à part.) il se trou_ble il se trou_ble

son! (à part.) il se trou_ble il se

peut on pous_ser plus loin l'au_da_ce (à part.) il se trou_ble il se

il se trou - - ble il s'agi - te - - il s'a_gi _ te
trouble il se trou - - ble il s'agi - te - - il s'a_gi _ te
il se trou - - ble - - il s'a _ gi - te il s'a_
trouble il se trou - - ble - - il s'a _ gi - te il s'a_
il se trou - - ble il s'agi - te il s'a_gi - te
trouble il se trou - ble il s'a _ gi - te il s'a_
trouble il se trou - - ble il s'a _ gi - te il s'a_
fz
il s'a _ gi - - te il frémit il frémit
il s'a _ gi - - te il frémit il frémit
gi _ te il s'a _ gi - - te il fré _ mit il fré_
gi _ te il s'a _ gi - - te il fré _ mit il fré_
il s'a _ gi - - te il frémit il frémit
gi _ te il s'a _ gi te il fré _ mit il fré_
gi _ te il s'a _ gi - te il fré _ mit il fré_
fz

il hé - si - - - te il fré - mit il fré -
il hé - si - - - te il fré - mit il fré -
mit il hé - si - - - te il fré - mit il fré -
mit il hé - si - - - te il fré - mit il fré -
il hé - si - - - te cet hon - nête homme est un fri -
mit il hé - si te
mit il hé - si - - - te
f
mit il hé - si - - - te il se trou - ble il se trou - ble
mit il hé - si - - - te il se trou - ble il se trou - ble
mit il hé - si - - - te il se trou - ble il se
mit il hé - si - - - te il se trou - ble il se
pon cet hon - nête homme est un fri - pon je l'ai vu choi - sir u - ne
mon - sieur vous m'en ren - drez rai - son mon - sieur mon -
(Il bat son fils.)
(à part.)
peut - on pous - ser plus loin l'au -

il s'a _ gi _ _ _ te il frémit il frémit
il s'a _ gi _ _ _ te il fré_mit il fré
trou_ble il s'a_gi _ _ _ te il frémit il frémit
trou_ble il_s'a_gi _ _ _ te il fré_mit il fré
car te je l'ai vu choi_sir u_ne
sieur vous m'en ren_drez rai _ son mon _ sieur mon _
da _ _ _ ce peut-on pous _ ser plus loin l'au _

il hé _ si _ te il fré _ mit il s'a _ gi _ te il fré _
mit il hé _ si _ te il fré _ mit il s'a _ gi _ te il fré _
il hé _ si _ te il fré _ mit il s'a _ gi _ te il fré _
mit il hé _ si _ te il fré _ mit il s'a _ gi _ te il fré _
car_te prenez gar _ _ de prenez gar _ _ de prenez gar _ _ de prenez
sieur vous m'en ren_drez rai _ son vous m'en ren_drez rai _
da _ _ _ ce paix si _

Crescendo

L'on devinera facilement que le compositeur a intercalé les huit mesures suivantes après coup, c'est à dire après avoir inventé la partition instrumentale de son morceau, et qu'il n'y avait point songé avant d'y ajouter les paroles, parceque ces huit mesures ne signifieraient rien dans une musique purement instrumentale. Il est toujours très facile d'accourcir ou d'allonger des phrases musicales, ou d'intercaler par ci par là une idée accessoire, quand les paroles l'exigent. C'est par cette raison qu'il est aussi possible d'ajouter des vers à une musique faite d'avance, d'autant plus que le compositeur est libre de répéter ses idées, de mettre plusieurs notes sur une syllabe en cas de besoin, d'augmenter le nombre de notes dans une mesure en mettant deux croches à la place d'une noire, ou deux noires à la place d'une blanche et ainsi de suite.

Nous avons une grande quantité de beaux morceaux qui ont étés parodiés en employant ces moyens.

Presto (Ici on se presse en tumulte, les dames jettent les hauts cris, les tables, les meubles sont renversés.)

f ah jus_te ciel ah jus_te ciel quelle

f ah jus_te ciel ah jus_te ciel quelle

f ah jus_te ciel ah jus_te ciel quelle

f ah jus_te ciel ah jus_te ciel quelle

f ah jus_te ciel quelle a_van_tu - re quelle

f moi ah jus - te ciel quelle

ah jus_te ciel ah jus_te ciel quelle

a - van tu - - re fuy_ons

a - van tu - - re fuy_ons fuy_

a - van tu - - re fuy_ons

a - van tu - - re fuy - ons

a - van tu - - re fuy - ons fuy -

a - van tu - - re fuy - ons fuy - ons je

a - van tu - - re fuy - ons fuy - ons je

fuy _ ons fuy _ ons fuy _ ons
fuy _ ons fuy _ ons
fuy _ ons fuy _ ons fuy _
fuy _ ons fuy _ ons fuy _ ons
ons je meurs d'ef _ froi fuy _ ons fuy _ ons
meurs d'ef _ froi fuy _ ons fuy _ ons je meurs d'ef _
meurs d'ef _ froi fuy _ ons fuy _ ons je meurs d'ef _
je meurs d'ef _ froi je meurs d'ef _
je meurs d'ef _ froi je meurs d'ef _
ons je meurs d'ef _ froi je meurs d'ef _
je meurs d'ef _ froi je meurs d'ef _
ah jus _ te ciel ah jus _ te ciel quelle a _ van _
froi ah jus _ te ciel quelle a _ van _
froi ah jus _ te ciel quelle a _ van _

froi ah quel scan - dale ah
froi ah quel scan da - le et quel - le hor reur ah quel scan
froi ah quel scan - dale ah
froi ah quel scan da - le et quel - le hor reur ah quel scan
tu - re ah quel scan - dale ah
tu - re ah quel scan - dale ah
ture ah quel scan da - le et quel - le hor reur ah quel scan
quel - le hor - reur ah quel - le hor - reur
da - le et quel - le hor reur et quelle hor - reur
quel - le hor - reur ah quel - le hor - reur
da - le et quel - le horreur et quelle hor - reur
quel - le hor - reur ah quel - le hor - reur
quel - le hor - reur ah quel - le hor - reur
da - le et quel - le horreur et quelle hor - reur

ah quel scan - da - le et quelle hor - reur ils
ah quel scan - da - le et quelle hor - reur ils
ah quel scan - da - le et quelle hor - reur ah
ah quel scan - da - le et quelle hor - reur ah
j'ai pei - ne à vain - cre ma fu - reur j'ai
ils sont i - ci tous en fu - reur ils
j'ai pei - ne à vain - cre ma fu - reur ah

sont i - ci tous en fu - reur ils sont i - ci tous en fu -
sont i - ci tous en fu - reur ils sont i - ci tous en fu -
quel scanda - le et quel - le hor - reur ah quel scan - da - le et quelle hor
quel scanda - le quel - le hor - reur ah quel scan - da - le et quelle hor
peine à vain - cre ma fu - reur j'ai peine à vain - cre ma fu -
sont i - ci tous en fu - reur ils sont i - ci tous en fu -
quel scanda - le et quel - le hor - reur ah quel scan - da - le et quelle hor

reur fuy - ons fuy - ons fuy - ons fuy - ons.

reur fuy - ons fuy - ons fuy - ons fuy - ons.

reur fuy - ons fuy - ons fuy - ons fuy - ons.

reur fuy - ons fuy - ons fuy - ons fuy - ons.

reur fuy - ons fuy - ons fuy - ons fuy - ons.

reur fuy - ons fuy - ons fuy - ons fuy - ons.

reur fuy - ons fuy - ons fuy - ons fuy - ons.

www.ingramcontent.com/pod-product-compliance
Ingram Content Group UK Ltd.
Pitfield, Milton Keynes, MK11 3LW, UK
UKHW020329180726
13839UKWH00002B/609